Liebe Vorleserin, lieber Vorleser,

gemeinsam mit Kindern zu lesen und in die Welten der Bilderbücher einzutauchen, ist in vielerlei Hinsicht ein wertvolles Erlebnis. Ich habe mich gefragt, was es braucht, um ein Kind, das das Lesen gerade entdeckt, zu fördern und zu motivieren. Was einem neugierigen Kind helfen könnte, wie von selbst in eine Geschichte einzutauchen. Denn schnell kann viel Text auf einer Seite entmutigend wirken. Trotzdem soll eine Geschichte für angehende Erstleserinnen und Erstleser spannend sein und eine altersgerechte Handlung bieten.

Das Konzept der „Magischen ICH LESE VOR Abenteuer" passt sich auf einfache Weise den Bedürfnissen Ihres Kindes an: Die besonders hervorgehobenen Wörter geben, nacheinander gelesen, den Handlungsstrang der Geschichte in einfachen Sätzen wieder. Sie sollen Ihr Kind dazu motivieren, dieses Buch als findiger Buchstaben-Abenteurer selbst zu lesen. Hat Ihr Kind das geschafft, wird es sich fragen, was auf den Seiten noch geschrieben steht, und versuchen, den kompletten Text zu lesen.

Mit ebenso viel Vergnügen können Sie sich aber auch gemeinsam mit Ihrem Kind in das „Magische ICH LESE VOR Abenteuer" begeben und ihm die Geschichte Seite für Seite vorlesen. Auf diese Weise wird der passive Wortschatz gefördert, was wiederum das Lesenlernen erleichtert.

Ich wünsche Ihnen und Ihren Lese-Abenteurern viel Freude mit diesem Buch!

**Herzlich,
Ulrike Motschiunig**

Informationen zu Ulrike Motschiunig
und ihren Büchern unter
www.kinderbuchmitherz.at

ISBN 978-3-7074-2367-9
1. Auflage 2020

Text: Ulrike Motschiunig
Illustration: Simone Leiss-Bohn
Gesamtherstellung: Imprint, Ljubljana
In der aktuell gültigen Rechtschreibung

www.ggverlag.at

Das magische
ICH LESE VOR Abenteuer

Ulrike Motschiunig

Eine **Nuss** für den **Zauberer**

mit Bildern von
Simone Leiss-Bohn

So fröhlich und laut zwitschern **DIE VÖGEL** frühmorgens nur an einem magischen Ort. Alle lieben ihr aufgeregtes **SINGEN**! Nur einer hier **IM ZAUBERWALD** mag es ganz und gar nicht! Verärgert zieht er sein Kissen über beide Ohren.

EEEEEEE!!!

„**RUHE**! Sonst verwandle ich euch alle in Steine!“, **SCHIMPFT ZAUBERER RUFUS** empört. Seine strenge Stimme poltert tief in den Wald und verfehlt ihre Wirkung nicht.

SOFORT IST ES mucksmäuschenstill. So **STILL**, dass man eine Tannennadel fallen hören könnte. Doch was ist das? Ein Geräusch? Ja, es ist ein Knuspern und ein Knacken!

„Hmmm! Nüsse, so weit das Auge reicht!" schwärmt
Eichhörnchen Mila. „Wie gut, dass ich hierhergezogen bin!
Und **VOR DIESEM** grimmigen **ZAUBERER** mit den
schlechten Manieren **FÜRCHTE ICH MICH** ganz sicher
NICHT!" So laut sie kann, **RUFT MILA**: „Huhu! Rufus!
Vor dir habe ich keine Angst!"

Während **MILA** vergnügt ihr Nussfrühstück verspeist,
DENKT sie über denn brummigen Zauberer **NACH**.
Da hat sie eine Idee: „**ICH KÖNNTE RUFUS SUCHEN
UND IHM SAGEN**, dass sich die Tiere vor ihm fürchten!
Vielleicht weiß er nur nicht, **WIE MAN SICH IM
WALD BENIMMT**!"

Da raschelt es im Geäst.
Laub fällt vom Baum herab.

„BLEIB, wo du bist! Niemand HIER im Wald wird den bösen Zauberer zur Vernunft bringen!", FLÜSTERT DER MAGISCHE BAUM.

„Vielen Dank für den guten Rat, weiser Baum, aber vielleicht ist der Zauberer gar nicht so fürchterlich, wie alle glauben!", antwortet Mila und lächelt zuversichtlich.

Der magische Baum beginnt ärgerlich zu knattern und zu knarren: „Soll es dir denn so ergehen wie dem schwarzen Raben? Auch er wollte Rufus belehren, doch er kehrte nie zurück! Bestimmt wurde er in Stein verwandelt!"

„**ICH PASSE GUT AUF** mich auf! Versprochen!", **ANTWORTET MILA** und klopft sich ein paar Nusskrümel von ihrem runden Bauch. „Nun muss **ICH** nur noch herausfinden, wo Rufus wohnt! Aber mit etwas Glück **WERDE** ich **DEN WEG** schon **FINDEN**!"

„Einem törichten Eichhörnchen wie dir ist nicht zu helfen!", brummt der magische Baum Mila hinterher.

MILA LÄUFT nach links

und nach rechts

und quer **DURCH DEN WALD**.

Durch dichtes Gestrüpp und über weiches Moos.

Zwei Stunden später hat sie die Orientierung verloren.
KEINE SPUR VON Zauberer **RUFUS!**
„Puh! Bin ich müde!", seufzt Mila.

ZUM GLÜCK FINDET MILA EINEN gemütlichen Stein.

„In dieser kuscheligen Mulde will ich ein wenig rasten!",

denkt das Eichhörnchen und macht es sich bequem.

Sofort beginnt es unter Mila zu rütteln und zu rumoren!

„Willst du auf einem **RÄTSELSTEIN** dösen,

musst du erst ein Geheimnis lösen!", raunt der Stein.

„Oh, Verzeihung! Ich wusste nicht, dass **DU** ein ganz besonderer Stein bist! Aber du **KOMMST MIR** gerade **RECHT**!", **SAGT DAS EICHHÖRNCHEN** und springt flink wieder auf.

„**BESTIMMT KENNST DU DEN WEG** zu Rufus!
Wie ich **ZU DIESEM** grimmigen **ZAUBERER** finden soll,
ist mir nämlich ein Rätsel", **PLAPPERT MILA.**

Sogleich beginnt der Stein zu wackeln und zu brummen: „Dann hör gut zu! **DIE REISE** zu Rufus **IST** schwarz wie die Nacht! **EIN FINSTERER PFAD**. Deshalb gib acht! Mut wirst du brauchen und auch Glück! Denn jene, die nach ihm suchten, kehrten nie mehr zurück!" Mila denkt nach. „Hmm. Was **MEINT** der Stein damit?" Ratlos zuckt sie mit ihren kleinen Schultern. „Aus deinen Worten werde ich nicht schlau! Ich hoffe, **DER** richtige Weg wird sich trotzdem finden, lieber **RÄTSELSTEIN**!"

DA ZIEHT DUNKLER Nebel auf. Mila kann ihre eigenen Pfoten kaum noch erkennen. Plötzlich weiß sie das Rätsel des magischen Steins zu deuten! „Was für ein f-f-finsterer Pfad! Genau wie der Rätselstein ihn beschrieben hat! Ich muss jetzt t-t-tapfer sein!", stottert das Eichhörnchen. „Dort wo der **NEBEL** gespenstisch wird, wartet der richtige Weg **AUF** mich!"

MUTIG TRIPPELT MILA Schritt für Schritt durch die unheimlichen Nebelschwaden **HINDURCH**.

ENDLICH beginnt sich der dunkle Pfad zu lichten. Neugierig dreht Mila den Kopf nach allen Seiten. „Wer tapfer ist und nicht aufgibt, der **FINDET**, was er sucht", sagt **DAS EICHHÖRNCHEN** entschlossen. „Dort drüben steht ein altes Haus aus Stein! Wenn das mal nicht Zauberer **RUFUS** ist, der beim Fenster herausschaut. Hui! Der sieht aber grimmig aus."

„WER WAGT ES, dem Zaubernebel zu trotzen? Neugierige Eindringlinge verwandle ich in Stein!", BRÜLLT RUFUS UND bedrohliche Funken sprühen aus seinem Zauberstab. MILA BEGINNT ZU BIBBERN.

Erst jetzt fallen **MILA** die eigenartigen Steine auf. „Oje, oje, ich glaube, der weise Baum hatte recht! Dort drüben steht der schwarze Rabe!" Milas dünne Beine beginnen zu schlottern. Ihr Schwanz zittert. Ihr kleiner Körper bebt. Trotzdem **NIMMT** sie **ALL IHREN MUT ZUSAMMEN**.

„ICH BIN NEU HIER im Wald **UND MÖCHTE** nur k-k-kurz **HALLO SAGEN**! Weißt du, die anderen Tiere trauen sich nicht hierher zu kommen. Dabei bist d-d-du sicher nett!", stammelt Mila.

„Ich werde dir gleich zeigen, wie nett ich bin!",
brüllt **RUFUS**. Schon **HEBT** er **SEINEN ZAUBERSTAB**
und beginnt zu murmeln: „**SEMSA**, **RIMSA** ..."

MILA DUCKT SICH. Sie macht sich so klein wie möglich, als Rufus plötzlich vom Fenster zurückweicht. Vorsichtig blinzelt Mila zwischen ihren Pfoten hindurch. Da! **SIE ENTDECKT** eine kleine rote Spinne am Fenster des Steinhauses. „Kann es sein, **DASS SICH DER** große **ZAUBERER** tatsächlich **VOR EINER SPINNE FÜRCHTET**?", murmelt Mila überrascht.

„Ruhe, du vorlauter Winzling!", brüllt **RUFUS** und
SCHWINGT erneut zornig **SEINEN ZAUBERSTAB**.
„Der größte aller Zauberer fürchtet sich vor nichts
und niemandem!"

„Oje, oje, gleich werde ich in Stein verwandelt!",
flüstert **MILA** verzweifelt. Zum Glück **HAT** sie genau in
diesem Moment **EINE IDEE**. Mila atmet tief ein und ruft:
„Stopp!"

SIE KRAMT in ihrer Tasche **NACH EINER NUSS** und
wirft sie in die Luft. Geschickt lässt sie den Kern in ihren
Mund fallen. Es knackst **UND** knackt, als Mila ihn zerkaut.
Verdattert lässt Rufus den Zauberstab für einen Moment
sinken. „Dieses dreiste Eichhörnchen **KAUT** sorgfältig an
einer Nuss, während ich dabei bin, es in Stein zu verwandeln?"

„Nun, **DAS WAR** keine gewöhnliche Nuss, sondern **EINE ZAUBERNUSS**", **SAGT MILA** schmatzend.
„**SIE HILFT GEGEN DIE** Furcht! Siehst du? Sie wirkt schon! Ich habe keine **ANGST** mehr vor dir!"
Mila greift ein weiteres Mal in ihren Beutel.
„**DIESE NUSS** ist für dich! Sie **VERTREIBT AUCH DEINE ANGST**. Du fürchtest dich doch **VOR SPINNEN**! Warte, ich komme zu dir!"
Ohne seine Antwort abzuwarten, marschiert Mila beherzt in das Haus des Zauberers.

„Puh! Bei dir müsste mal wieder aufgeräumt werden", ruft Mila und muss niesen. „Niemand betritt ungebeten mein Haus!", brüllt Rufus. Sein Gesicht bebt vor Zorn. Während er immer wieder auf **DIE** rote **SPINNE** schielt, richtet er seinen Zauberstab erneut auf Mila. Da **KLETTERT** die Spinne **NOCH EIN WENIG TIEFER UND** streift dabei fast den Arm des Zauberers. „Iiiiiieeh!" Wimmernd springt **RUFUS** zur Seite. Er **ERSCHAUDERT** so sehr, dass ihm der Zauberstab aus der Hand rutscht.

„So glaub mir doch. Meine Nuss wird dir helfen!",
sagt Mila leise.
„Also her mit dem verschrumpelten Kern!", grummelt
DER ZAUBERER und **NIMMT** schnell **DIE NUSS** aus
Milas Pfote. Geräuschvoll verschwindet sie in seinem Mund
UND flugs **ISST** er **SIE AUF**.

Mila nützt den günstigen Moment und springt auf Rufus' Arm.

„Jetzt sind wir zu zweit!", sagt sie lächelnd und klettert weiter.

Sehr **LANGSAM** und vorsichtig **WAGT SICH RUFUS** gemeinsam **MIT MILA** einen Schritt **NÄHER AN DIE** rote **SPINNE HERAN**. Er traut sich kaum zu atmen.

„Du musst höflich grüßen!", flüstert Mila mit einem leisen Kichern.

Rufus' Augen funkeln vor Zorn, aber er presst ein knorriges „He, du!" hervor. Da schlägt **DIE SPINNE** ihre Augen auf. Sie lächelt und **SAGT**:

„ICH BIN ANDORA!"

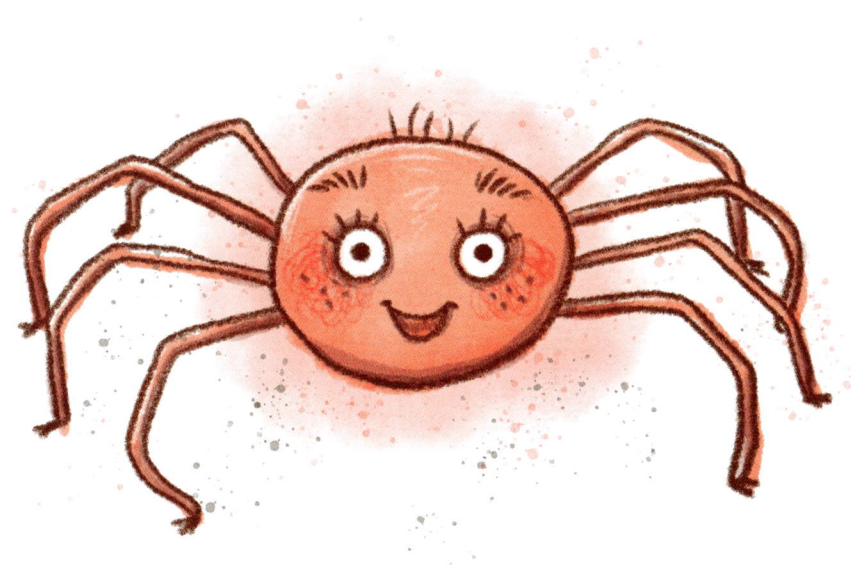

„A-A-Andora! So, so! Ehm. **GUTEN TAG,**
Andora!", **BRUMMT RUFUS UND** lässt
die Spinne dabei nicht aus den Augen.
MILA STRAHLT. „Du bist wirklich ein höflicher Zauberer!
Bestimmt möchtest du ab jetzt auch zu uns Waldbewohnern
so nett sein?" Rufus blickt verdutzt. **IN DIESEM MOMENT**
REKELT SICH Andora genüsslich. **DIE SPINNE** streckt
ihre Vorderbeine weit aus.

Sofort weicht **DER ZAUBERER** erschrocken zurück.
Er **BEBT VOR ANGST**. „Das war gar keine Zaubernuss!
DU kleiner Winzling von einem Eichhörnchen **HAST MICH
REINGELEGT**!", **BRÜLLT RUFUS** und funkelt **MILA** mit
zornigen Augen **AN**. Er sucht nach seinem Zauberstab, doch
der liegt noch immer auf dem Boden.

Geschwind springt **MILA** auf den Fenstersims und **RUFT**:
„**TSCHÜSS**, Rufus! **ICH MUSS** jetzt **LOS**!
War nett dich zu treffen!"

So schnell **SIE** kann, **VERSCHWINDET** sie **IM** dichten **WALD**.
BLITZE aus Rufus' Zauberstab **JAGEN IHR HINTERHER**.
Mila saust durch dichtes Gebüsch,
über weiches Moos und holprige Steine.
Diesmal verirrt sie sich nicht.

Wieder **ZU HAUSE**, an ihrem gewohnten Platz, **WIRD MILA VON DEN** neugierigen **TIEREN UMRINGT**. Sie ist vom vielen Laufen erschöpft und dennoch quietschvergnügt.

„Hast du den grimmigen Zauberer getroffen?", fragt der Hase mit ängstlicher Stimme.

„Oh ja!", antwortet Mila. „Er wohnt in einem alten Haus aus Stein!"

„Und er hat dich nicht in Stein verwandelt?", möchte der Dachs wissen.

MILA kichert und SAGT: „Aber nein! Ich bin auf seinen Arm gesprungen und habe ihm was ins Ohr geflüstert. WENN RUFUS SICH VOR ETWAS FÜRCHTET, IST ER nämlich NETT!"

„Der große Zauberer hat sich vor einem kleinen Eichhörnchen gefürchtet?", fragt der Dachs erstaunt.

„**DANN** wird er wohl auch den anderen Tieren nichts anhaben! Vielleicht **SOLLTEN AUCH WIR RUFUS AUFSUCHEN**? Was **MEINT** ihr?",
sagt **DER FUCHS** und schaut
fragend in die Runde.
Unschlüssig blicken die Tiere einander an.

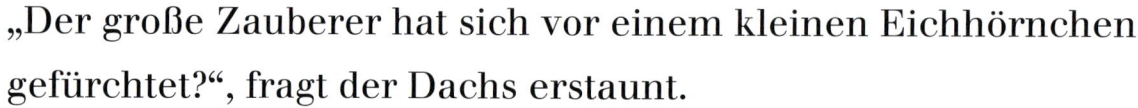

„Meine lieben Freunde, dann **BRINGT** auf alle Fälle **AUCH EIN PAAR SPINNEN** zum alten Steinhaus **MIT**. **DIE HAT DER** grimmige **ZAUBERER** nämlich **BESONDERS GERN!", RUFT MILA** und rollt sich **VERGNÜGT** auf dem Boden.